ANALIZA KSIĄŻKI

Szkoła dla żon
· · · · · · · · · · · · · · · ·

MOLIÈRE

ANALIZA KSIĄŻKI

Napisany przez Isabelle Consiglio
Przetłumaczony przez Kâmil Kowalski

Szkoła dla żon

MOLIÈRE

MOLIÈRE

FRANCUSKI DRAMATURG, AKTOR I INSCENIZATOR

- **Urodził się w Paryżu w 1922 r.**

- **Zmarł w Paryżu w 1673 r.**

- **Prace godne uwagi:**

  - *Dom Juan* (1665), komedia

  - *Skąpiec* (1668), komedia

  - *Mieszczanin szlachcicem* (1670), comédie-ballet

Autor, reżyser, scenograf i aktor, Molier (naprawdę nazywał się Jean-Baptiste Poquelin) urodził się w Paryżu w 1622 roku w zamożnym mieszczaństwie. Bardzo wcześnie zdecydował się na karierę teatralną i założył wraz z aktorką Madeleine Béjart zespół Illustre Théâtre. Po dwunastu latach wędrówek teatralnych po prowincjach wrócił do Paryża, gdzie został zauważony przez Ludwika XIV, który przyjął go na swoje usługi.

Pisał głównie komedie, w których pod przykrywką humoru uwypuklał wady współczesnych mu ludzi (pyszałkowatość, pedanteria, skąpstwo itp.) oraz krytykował XVII wieczne społeczeństwo (autorytarni ojcowie, hipokryzja religijna, znachorzy itp.) Jego liczne sztuki są do dziś wpływowe, co czyni Moliera jednym z najważniejszych autorów klasycznego wieku.

Zmarł w Paryżu w 1673 roku.

SZKOŁA DLA ŻON

FARSOWA SZTUKA

- **Gatunek:** sztuka teatralna (komedia)
- **Wydanie referencyjne:** Molière (1971) *Szkoła dla żon*. Trans. Wilbur, R. Harcourt: New York.
- **Pierwsze wydanie:** 1662
- **Tematyka:** edukacja, kobiety, małżeństwo, miłość, satyra, ignorancja

Rymowana komedia w pięciu aktach, wystawiona po raz pierwszy 26 grudnia 1662 roku, *Szkoła żon* opowiada historię miłości Horacego i Agnes, naiwnej młodej kobiety, która zostaje obiecana staremu Arnolphe. Poruszając powracający motyw oszukanego męża, Molier w polemiczny sposób omawia ówczesne koncepcje dotyczące małżeństwa i miejsca kobiety w społeczeństwie.

Sztuka miesza elementy typowe dla farsy, z treściami o intencjach satyrycznych, co szokowało bardziej konserwatywną publiczność tamtych czasów. Molier odpowiedział na tę krytykę pisząc w 1663 roku *Critique of The School for Wives*, czyli komedię wykorzystującą te same wątki pod przykrywką eseju.

STRESZCZENIE

AKT I

Arnolphe, despotyczny starzec, pragnie poślubić młodą Agnes, której wychowanie nadzorował od najmłodszych lat. Zmuszona do prowadzenia życia pustelnika jest strasznie naiwna. Przyszły mąż, który bardziej niż czegokolwiek innego na świecie obawia się, że zostanie oszukany przez żonę, opracował strategię mającą na celu ograniczenie edukacji Agnieszki i jak najszybsze jej poślubienie, pomimo ostrzeżeń swojego przyjaciela Chrysalda: "Tak; ale kto śmieje się z drugiego, musi uważać, aby sam nie został wyśmiany" (Akt I, Scena 1).

Po powrocie z dalekiej podróży Arnolphe spotyka młodego Horacego, który wyznaje mu miłość do Agnes. Dwaj młodzi ludzie spotykali się często pod nieobecność pana domu. Arnolphe znany jest w mieście także pod nazwiskiem "M. de la Souche", które to nazwisko preferuje, bo brzmi szlachetniej. Dlatego Horacy nie wie, że Arnolphe i M. de la Souche to ta sama osoba i zdradza mu swój plan uwolnienia Agnieszki ze szponów starca, który trzyma ją w więzieniu.

AKT II

Wściekły z powodu tego, co właśnie usłyszał, Arnolphe próbuje dowiedzieć się więcej o relacji między dwojgiem młodych ludzi. Zapytana Agnes bez wahania opisuje pieszczoty i komplementy, jakimi obdarza ją Horacy. Arnolphe przekonuje ją, by rzuciła kamieniem w kochanka, który czeka na nią w oknie jej sypialni. Zdenerwowany starzec postanawia przyspieszyć przygotowania do ślubu, konsultując się ze swoim adwokatem.

AKT III

Arnolphe wygłasza długą mowę o posłuszeństwie i małżeństwie. Agnes musi nauczyć się na pamięć wszystkich jego zasad: jako żona nie może przyjmować wizyt nikogo pod nieobecność męża, ani być piękna dla oczu innych mężczyzn. W ten sposób Arnolphe ma nadzieję uformować młodą ingénue, by zmienić ją w potulną i wierną żonę: "Jest jak odrobina wosku w moich rękach i mogę nadać jej taki kształt, jaki mi się podoba" (Akt III, Scena 3).

Mimo wszelkich starań przyszłego męża, Agnes pokazuje, że posiada zrozumienie, a nawet ducha, zawierając, bez jego wiedzy, czułą wiadomość w kamieniu, którym rzuca w Horacego. Ten ostatni, wciąż nieświadomy tożsamości swojej powiernicy, czyta Arnolphe'owi list młodej kobiety, w którym opisuje ona swoje uczucia do niego, a także świadomość, że niewiele wie o życiu.

AKT IV

Arnolphe waha się, czy ukarać Agnieszkę za ten czyn, bo szczerze ją kocha. Gdy przybywa adwokat, by omówić szczegóły małżeństwa, starzec dowiaduje się, że między Horacym a Agnes zorganizowano tajne spotkanie: młodzieniec ma wejść do sypialni Agnes z pomocą drabiny. Arnolphe nakazuje swoim dwóm lokajom, Alainowi i Georgette, uderzyć Horacego, gdy tylko ten wejdzie przez okno. Co więcej, Chrysalde, przyjaciel Arnolphe'a, nie rozumie jego obsesji, ponieważ jego zdaniem honoru mężczyzny nie mierzy się wiernością jego żony.

AKT V

Horacy zostaje zaatakowany przez dwóch lokajów. Obawiając się, że może być martwy, wzywają Arnolphego. W ogólnym zamieszaniu Agnes udaje się uciec ze swojego pokoju i wyznaje Horacemu miłość. Horacy planuje porwanie młodej kobiety i chce ją ukryć w bezpiecznym miejscu na kilka dni. Ukrywając się pod płaszczem, aby nie zostać rozpoznanym przez Agnes, Arnolphe proponuje jej przyjęcie u siebie. Świadoma podstępu młoda kobieta szczerze stwierdza, że nie może kochać Arnolphego z powodu jego koncepcji małżeństwa. W reakcji na to wyznanie starzec grozi, że wyśle ją do klasztoru.

Zrozpaczony Horacy słyszy o zbliżającym się przyjeździe Oronte, swojego ojca. Oronte mówi mu, że zaaranżował już dla niego małżeństwo. Chrysalde nieświadomie ujawnia, że Arnolphe i M. de la Souche to ta sama osoba. Ponieważ Horacy zna człowieka, który pod tym nazwiskiem trzyma Agnieszkę w więzieniu, rozumie podstęp. Enrique, szwagier Chrysalde, uznaje Agnieszkę za swoją córkę. W wyniku nie-ślubnego związku została powierzona najpierw chłopce, a potem Arnolphe'owi. Ślub Agnieszki i Horacego może więc odbyć się za zgodą obojga rodziców, bo to właśnie Agnieszkę Oronte potajemnie przeznaczył dla swojego syna.

STUDIUM POSTACI

ARNOLPHE

Zrzędliwy i chciwy staruszek Arnolphe pragnie przede wszystkim zapewnić sobie wierność żony. Jest w ten sposób typowy dla klasycznej postaci starca, który chce zdobyć względy dużo młodszej kobiety. Manipulujący i zazdrosny, używa sztuczek, aby utrzymać oblubienicę z dala od Horacego, którego uważa za realne zagrożenie. Nienawidzi wykształconych kobiet i sam przyznaje, że wolałby "bardzo głupią i brzydką kobietę niż bardzo piękną z dużą dozą dowcipu" (Akt 1, Scena 1).

Choć Arnolphe nie wzbudza sympatii, stwierdza, że naprawdę kocha Agnieszkę.

AGNIESZKA

Młoda kobieta, wychowana w klasztorze i pozbawiona wykształcenia, Agnes jest nieślubna. Jako dziecko została oddana pod opiekę chłopów, a następnie Arnolphego, który już planował ją poślubić. Od początku sztuki Agnes jest ucieleśnieniem postaci ingénue: tak naiwna, że aż granicząca ze śmiesznością, nie zdaje sobie sprawy z mniej niż doskonałego charakteru swojej sytuacji. Mówiąc o zajęciach związanych z szyciem, które wypełniają większość jej dni, Agnes wydaje się nieświadoma aluzji rozsianych w wypowiedzi Arnolphego:

> *Agnes. Jakże będę cię pieścił, jeśli to się stanie.*
> *Arnolphe. Ha! I ja zrobię to samo tobie.*
> *Agnes. Nigdy nie wiem, kiedy ludzie żartują. Mówisz poważnie?*
> *(Akt II, Scena 5)*

Jednak po spotkaniu z Horacym młoda kobieta zaczyna kwestionować edukację pojmowaną przez Arnolphego. Pokazuje, że jest zdolna do krytycznej refleksji i podstępu, o czym świadczy list miłosny, który podrzuca Horacemu. Charakter Agnes nie jest więc tak jednoznaczny, jak wydaje się na pierwszy rzut oka i wykazuje psychologiczną głębię. Jej miłość do Horacego wystawia ją na świat, w przeciwieństwie do miłości, jaką darzy ją Arnolphe.

HORACY

Młody człowiek z dobrej rodziny, Horacy uosabia charakter młodego bohatera: młody, przystojny i charyzmatyczny, ma nieskazitelny charakter, w przeciwieństwie do Arnolfa. Szaleńczo zakochany w Agnes od pierwszego wejrzenia, myli swojego wroga z powiernikiem, z powodu zapożyczonego nazwiska.

Horacy zdaje się sprzeciwiać koncepcji wychowania kobiet, za którą opowiada się Arnolphe. Przeciwnie, ponad wszystko stawia miłość i żywi dla niej quasi kontemplacyjny podziw: "Czyż miłość nie umie wyostrzyć rozumu? I czy można zaprzeczyć, że jej żarliwe płomienie mają cudowny wpływ na serce? " (Akt III, Scena 4). Może wreszcie poślubić Agnieszkę dzięki swojemu uporowi i swoim sztuczkom, ale przede wszystkim dzięki przybyciu ojca i ujawnieniu pochodzenia młodej kobiety.

CHRYSALDE

Przyjaciel i powiernik Arnolphego, Chrysalde uosabia moderującą siłę sztuki. Jego nieliczne interwencje mają miejsce zawsze w kluczowych momentach akcji. Jest głosem rozsądku, poucza Arnolfa i uświadamia mu jego ekscesy. Jest też postacią, która zamyka sztukę morałem: "Jeśli wydaje ci się, że tak dobrze jest nie być rogaczem, jedynym wyjściem jest nie żenić się" (Akt V, Scena 9).

Postać ta odgrywa ważną rolę w fabule również dlatego, że jest krewnym Agnieszki: w istocie jest wujem młodej kobiety i szwagrem Otronte.

ALAIN I GEORGETTE

Ta para chłopów jest na usługach Arnolphe'a. Alain i Georgette są bardzo reprezentatywni dla bohaterów farsy poprzez swoje zachowanie i język. Naiwni i gruboskórni, to dzięki nim wizyty Horacego u Agnes pod nieobecność pana są dozwolone. Element komiczny wprowadzony przez te dwie postaci jest bardziej plastyczny i groteskowy niż sztuczki stosowane przez Horacego i Agnes. Jest to ruch do rozpoczęcia zdania w przypadku powrotu Arnolphe'a (Akt I, Scena 2): dwaj służący kłócą się o to, który z nich otworzy drzwi panu. Innym przykładem tego wizualnego komizmu jest bicie, które otrzymuje Horacy, a które jest typową sceną w farsie (Akt V, Scena 1).

ANALIZA

MIEJSCE KOBIET: WSPÓŁCZESNA DEBATA

Głównym tematem *Szkoły dla żon* jest edukacja i miejsce, jakie społeczeństwo powinno przyznać kobietom. Choć postać Arnolphego jest tak mizoginiczna, że stała się wzorem dla tego typu zachowań, sztuki nie należy odczytywać w świetle współczesnych koncepcji, takich jak feminizm. *Szkoła żon* odzwierciedla bowiem specyficzny kontekst historyczny: okres, w którym powstała komedia, był czasem ważnych przewrotów społeczno-kulturowych.

W pierwszej połowie XVII wieku powstawały salony literackie. Powstały jako reakcja na ówczesną, niekiedy wulgarną estetykę, to właśnie w tych salonach wyłonił się nurt Preciosity. Poszukując przede wszystkim wyrafinowania w mowie i zachowaniu jako całości, trend ten przyciągnął wiele kobiecych osobowości. To właśnie w tych drogocennych salonach po raz pierwszy rozpoczęły się debaty na temat edukacji młodych kobiet i małżeństwa, co Molier przedstawił w tej sztuce. Często wyśmiewana i karykaturalnie przedstawiana – także przez samego Moliera w *The Affected Ladies* w 1659 roku – Szlachetność dawała jednak kobietom możliwość wyrażenia siebie.

Sztuka Moliera jest więc wpisana w konkretny kontekst. Jego cel nie ogranicza się do rozśmieszania publiczności: odzwierciedla on niektóre z ówczesnych predylekcji, co odświeża komiczny repertuar.

KOMEDIA PEŁNA NIESPODZIANEK

Choć to właśnie centralna dyskusja na temat edukacji kobiet i ich miejsca w społeczeństwie najbardziej zaszokowała konserwatywną publiczność, to przede wszystkim forma i konstrukcja sztuki wzbudzała kontrowersje. Molier na różne sposoby nadaje powiew świeżości gatunkowi komicznemu:

- Sztuka ta była pierwszą komedią, która przyjęła strukturę pięcioaktową i wierszową oraz istniała w sposób samodzielny, gdyż większość komedii w owym czasie była wystawiana jako dodatek do innego utworu. Przyjęła więc strukturę nawiązującą do klasycznej tragedii. *W Szkole żon* nie obowiązywała jednak zasada jedności akcji. Molier zastosował bowiem technikę narracji konsekutywnej: Horacy opowiada o swoich rozmowach z Agnes Arnolphe'owi. Wiele scen jest wyłącznie opowiadanych, a nie pokazywanych (tak jest np. z biciem, które otrzymuje Horacy).

- Komedia Moliera zapożycza niektóre tematy i sytuacje z tradycji farsowej. Ten komiczny i popularny gatunek definiuje się przez obecność postaci, których psychologia jest tylko powierzchownie zbadana oraz przez groteskowe i wulgarne sytuacje. Te elementy są obecne w komedii, w postaciach lokajów, Alaina i Georgette. Poprzez skomplikowaną konstrukcję dialogów Molier znacznie łagodzi wulgarność tego często gestykulującego gatunku.

- Treść *Szkoły żon* przypomina klasyczny repertuar komedii sytuacyjnej, dzięki czemu widz może szybko zidentyfikować te sytuacje. Tak jest na przykład w przypadku motywu oszukanego starszego męża – w osobie Arnolphego – czy często wykorzystywanego w tamtych czasach motywu bezużytecznej ostrożności. Rzeczywiście, mimo wszystkich sztuczek stosowanych przez Arnolphe'a, Agnes ostatecznie mu ucieka, ponieważ nie jest on w stanie zapobiec jej miłości do Horacego. Fabuła kończy się niespodziewanym wydarzeniem: ujawnieniem pochodzenia Agnes. To nagłe odkrycie nieznanego pochodzenia i jego odsłonięcie są również powtarzającymi się technikami stosowanymi w komiksie.

Wprowadzając elementy należące do tradycji farsy w klasyczną strukturę przypominającą tragedię, Molier łączy gatunki i to właśnie stało się celem krytyki. Jeśli chodzi o polemiczną treść sztuki, to nadawała ona większą legitymizację gatunkowi komicznemu.

RÓŻNE TECHNIKI KOMEDII

Ze względu na różne wpływy, które przewodziły jej powstaniu, komedia ta wprowadziła różne techniki komiczne oparte na gestach lub słowach:

- Postacie Alaina i Georgette wprowadziły francowy śmiech farsy. Są oni u źródeł komedii sytuacyjnej. Tak jest, gdy np. kłócą się o to, kto otworzy drzwi swojemu panu (Akt I, Scena 2). Scena przybycia adwokata (Akt IV, Scena 2), w której Arnolphe nie widzi swojego rozmówcy i jest nieświadomy jego rozmowy również należy do komicznego repertuaru farsy;

- Element komiczny wprowadza do opowieści także narracja poszczególnych wydarzeń relacjonowanych kolejno przez Arnolphe'a i Horacego. Między tymi dwoma mężczyznami zaczyna się nieporozumienie, gdyż młody Horacy nie wie, że jego powiernikiem jest starzec, który znany jest również pod nazwiskiem M. de la Souche. To nieporozumienie jest wykorzystywane w całej sztuce i daje początek wielu dialogom, które są bardzo zabawne dla widza, który w przeciwieństwie do bohaterów ma ogólną wizję sytuacji (por. akt III, scena 4, kiedy Horacy prosi Arnolphe'a, aby śmiał się razem z nim z przebiegłości Agnes, która oszukała starca, dając mu list);

- Wykorzystywana jest również technika podwójnego znaczenia języka, głównie w dialogach między Arnolphe i Agnes, co tworzy ukryte znaczenie, które, ponownie, tylko widzowie mogą zrozumieć:

> Arnolphe. *Czy oprócz tych wszystkich przemówień, tych wszystkich pięknych komplementów, nie obdarzył cię również kilkoma pieszczotami?*
> Agnès. *Och, tak wiele! Brał moje ręce i ramiona i nigdy nie był zmęczony ich całowaniem.*
> Arnolphe. *Agnes, czyż nie wziął od ciebie nic innego?*
> *(Akt II, Scena 5)*

DALSZA REFLEKSJA

KILKA PYTAŃ DO PRZEMYŚLENIA...

- W jaki sposób Arnolphe reprezentuje klasyczną postać w komedii? Znajdź inne przykłady postaci tego samego rodzaju w innych sztukach.

- Czy Twoim zdaniem *Szkoła żon* to sztuka feministyczna? Uzasadnij swoją opinię.

- Jaki jest główny cel Moliera w tej specyficznej sztuce?

- Co konkretnie krytykuje Molier w tej sztuce?

- W jaki sposób struktura tej sztuki przypomina strukturę klasycznej tragedii?

- Co należy w tej sztuce do gatunku farsy?

- Jakie techniki komiczne stosuje autor?

- Dlaczego *Krytyka szkoły dla żon* może być postrzegana jako kontynuacja *Szkoły dla żon*?

- Ta sztuka to początek współpracy Moliera z królem Ludwikiem XIV. Czy ta współpraca jest widoczna w sztuce? Uzasadnij swoją odpowiedź.

DALSZE CZYTANIE

WYDANIE REFERENCYJNE

Molière (1971) *Szkoła dla żon*. Trans. Wilbur, R. Harcourt: New York.

Chcemy usłyszeć od Ciebie, co się dzieje!
Zostaw komentarz na temat swojej internetowej biblioteki
i podziel się swoimi ulubionymi książkami w mediach społecznościowych!

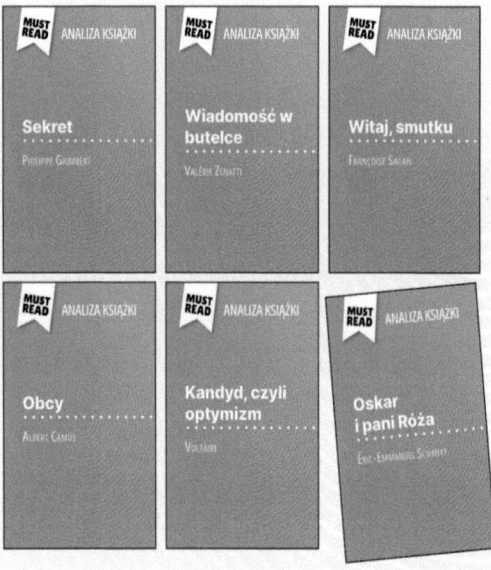

www.50minutes.com

Master ISBN: 9782808693691
Papierowy ISBN: 9782808615099
Depozyt prawny: D/2023/12603/1789

Verhaal: © Primento

Projekt cyfrowy: Primento, cyfrowy partner wydawców.